www.tredition.de

AF186359

Eva Maria Bäcker, Dinah Maria Bäcker

Mein Forschungslogbuch

Von der Idee zum Exposé

www.tredition.de

© 2018Eva Maria Bäcker, Dinah Maria Bäcker

Verlag und Druck: tredition GmbH, Hamburg

ISBN
Paperback: 978-3-7469-4148-6
e-Book: 978-3-7469-4149-3

Das bin ich

Name:

Studienfach:

Institut:

Forschungsinteresse:

Betreuer der Arbeit:

Start:

Abgabe:

Lieblingsbeschäftigung:

Was mir wichtig ist:

Inhaltsverzeichnis

Gebrauchsanweisung

Herzlichen willkommen in deinem Logbuch!

Du stehst vor der Aufgabe eine wissenschaftliche Arbeit anzufertigen? Vielleicht ist es deine erste. Oder deine Abschlussthesis rückt näher.

Um den *Wald vor lauter Bäumen* nicht aus den Augen zu verlieren, erhältst du hier eine Anleitung, die systematische Informationen zum wissenschaftlichen Arbeiten beinhaltet.

Dein *Logbuch* unterstützt dich bei der Themensuche. So kannst du den Überblick über deine Forschung sichern und keine Idee geht verloren. Informationen und freie Seiten zum Selbstausfüllen wechseln sich ab.

Forschen soll dir Spaß machen. Jedoch kann wissenschaftliches Arbeiten dir stellenweise eine gehörige Portion Eigeninitiative und Durchhaltevermögen abverlangen.

Finde heraus, wie viel Kreativität und wie viel wissenschaftliches Denken schon in dir steckt!

Das systematische Arbeiten wird sich auszahlen. Dein Projekt wird dir beim Schreiben Stück für Stück vertrauter werden.

Wir — die Autorinnen — geben dir aus Studentinnen- und Dozentinnen-Perspektive praktische Tipps für deine Studienarbeit.

Dinah hat bereits ihre ersten wissenschaftlichen Arbeiten eingereicht und möchte dich zur Reflexion beim Forschen motivieren. Vom ihr bekommst du die Anmerkungen im *Studi-Tipp*.

Eva betreut seit vielen Jahren Bachelor- und Masterarbeiten an der Hochschule. Sie schreibt aus der Sicht der Dozentin und gibt dir praktische Infos im *Fließtext*.

Unsere Denkanstöße machen dich mit wissenschaftlichem Denken vertraut. Du erhältst viele Tipps für dein Exposé, das du dann deinem Betreuer als Grundlage vorstellen kannst.

Für deine Seminar-, Bachelor- oder Masterarbeiten kannst du dich nun in optimaler Weise vorbereiten.

Der besseren Übersichtlichkeit verwenden wir überwiegend die männliche Schreibweise — sie ist einfach kürzer. Dein Einverständnis vorausgesetzt.

Nun wünschen wir dir spannende Entdeckungen.

Eva und Dinah Bäcker

Behandle dein Logbuch als guten Freund

Der Begriff Logbuch ist abgeleitet vom englischen Wort *log* für Holzklotz. In der Seefahrt ist ein Logbuch die übliche Form zur Archivierung der täglich zurückgelegten Strecke und den damit verbundenen Ereignissen. Es dient damit als Beweismittel. Bei Havarien oder Seenot-Situationen werden später anhand der Aufzeichnungen Untersuchungen durchgeführt. Ein Logbuch kann auch zu Trainingszwecken genutzt werden und die Schiffsmannschaft für die zukünftige Ereignisse fit machen, da im Logbuch alle Fehler dokumentiert werden.

Oft verhilft ein Logbuch zur Rettung von Schiffbrüchigen, da im Logbuch alle mitfahrenden Passagiere und Besatzungsmitglieder aufgelistet sind.

Wenn du deine Forschung mit einer Seefahrt in unbekannte Gewässer vergleichst, hift die Metapher des Logbuchs zur Visualisierung der Situation. So kannst du alle wichtigen Schritte protokollieren und auch Eventualitäten einplanen, um „dein Schiff" sicher in den Hafen zu steuern.

Was schreibe ich in mein Logbuch?

Du kannst in deinem Logbuch alles notieren (oder einheften), was mit deiner wissenschaftlichen Arbeit zu tun hat. Die Themen können deine privaten Beziehungen und deine Freizeitaktivitäten betreffen.

Einige Vorschläge:

• **Wissenschaftliche Inhalte**

Fachliteratur, Zitationsformen, Rezensionen, Links zu Videos, Forschungsberichte, Mitschriften aus Seminaren & Vorlesungen, Forschungsfragen, Exposé, Hypothesen, Forschungsmethoden, Definitionen (mit Quellenangaben), Grundbegriffe, Statistiken, Beobachtungsprotokolle, Interviewleitfaden, ...

• **Nichtwissenschaftliche Inhalte**

Visitenkarten, Telefonnummern, Namen von Kommilitonen und Ansprechpartnern, Zeitungsauschnitte, Bilder, Zeichnungen, Gedichte, Brainstorming, Selbstreflexionen, Feedback von anderen, Fotos, Fallbeispiele, Gedanken, Träume, ...

• **Persönliche Inhalte**

Interessen, Hindernisse, Meilensteine, Belohnungen, Wutzettel zum Zerknüllen, tolle Erlebnisse bei der Forschung, Freude, Konflikte, Zeitplanung, Spekulationen, Ablenkungen, Do do-Liste, ...

Für viele Wissenschaftler ist das Forschungslogbuch eines der wichtigsten Instrumente während ihrer Forschung. Denke nur einmal an Feldforscher bei ihrem Aufenthalt bei Naturvölkern.

Feldforscher schreiben bei ihren Expeditionen ihre Beobachtungen, Emotionen, aber auch Hindernisse und Rückschläge in einer fremden Umgebung auf. Ein klassisches Beispiel sind die Tagebücher von Bronislaw Malinowski in Neuguinea von 1914.

Studi-Tipp: *In diesem Buch ist alles erlaubt. Schreibe einfach drauf los.*

Alles, was dir einfällt, kann zu einem späteren Zeitpunkt noch wichtig werden. Zensiere deine Gedanken nicht.

Dein Buch kann eine Mischung aus Log- und Notizbuch sein. Behandle es als dein ganz persönliches Tagebuch, dem du alles anvertraust. Du kannst dein Buch auch gut zu deinem Betreuer mitnehmen und es als Grundlage für eure Gespräche nutzen.

Zeig ihm oder ihr aber nicht alles. ☺

Bevor es los geht ...

Bevor du nun mit deiner Themensuche beginnst, starten wir mit einer neugierigen Frage...

Wann ist deine Forschungsarbeit wissenschaftlich?

Das ist eine wichtige Frage, die du bei aller Passion für dein Thema nicht vergessen solltest!

Schreibe objektiv, neutral und logisch.

Halte dich an die messbaren Tatsachen. Erfinde nichts und biege deine Daten nicht so, wie du sie gerne hättest.

Lass Bewertungen und eigene Vorurteile heraus!

Studi-Tipp: *Bevor du dich auf den langen Weg aufmachst, möchte ich dich auch etwas fragen:*

Kannst du dich noch daran erinnern, wie es war, als du Fahrradfahren gelernt hast? So viel anders von der Struktur her ist es jetzt auch nicht.

Denk einmal darüber nach.

Du hast bestimmt geübt, geübt, geübt, ...

(und warst motiviert dabei und nicht zu bremsen)

Logs___

Was ist wissenschaftlich?

Deine Forschungsarbeit ist wissenschaftlich, wenn

- ✓ sie einen erkennbaren Gegenstand behandelt, der so definiert ist, dass er auch für andere erkennbar ist,
- ✓ sie über einen Gegenstand Perspektiven nennt, die noch nicht gesagt worden sind, oder sie Dinge, die schon gesagt worden sind, in neue Blickwinkel stellt,
- ✓ deine Forschung für andere von Nutzen ist,
- ✓ deine Forschung konkrete Angaben enthält, die von anderen nachprüfbar sind.

Wissenschaftliches Arbeiten ist ein Prozess: Das meint den Vorgang, wie du dein Thema auf wissenschaftliche Art und Weise bearbeitest.

Wissenschaftliches Arbeiten ist ein Produkt: Das meint deine fertige schriftliche Arbeit. Diese Arbeit sollte nach wissenschaftlichen Standards und Prinzipien geschrieben sein.

Studi-Tipp: *„Andere Länder — andere Sitten."*
Erkundige dich bei deiner Hochschule, welche Standards dort gelten.

Logs___

Was macht mich zum Wissenschaftler?

Studi-Tipp: *Beschreibe dich als Wissenschaftlerin oder Wissenschaftler.*

Kennst du andere Wissenschaftler?

Wie sind die so?

Was muss du deiner Meinung nach mitbringen?

Was bringst du schon mit?

Wie sieht dein Tagesablauf aus?

Wie kleidest du dich?

Was isst du?

Wie verbringst du deine Zeit?

...

Logs___

Es geht los...

Es ist einiges vorzubereiten. Warten wir also nicht ...

Zu Beginn nimmt die Planung die meiste Zeit in Anspruch. Doch mit einer anfangs gut geplanten Arbeit sparst du später beim Schreiben eine Menge Zeit.

Je konkreter du planst, desto leichter wird dir die Umsetzung fallen. Deshalb rechne anfangs lieber mehr Zeit bei der Themenfindung und der Entwicklung deiner Forschungsfrage ein.

Studi-Tipp: *Schreib dir zunächst alles auf, was dir zu deiner Forschung einfällt.*

Wie viel Zeit hast du?

Was interessiert dich?

Was magst du gar nicht?

Welche Personen sind beteiligt?

...

Logs___

Brainstorming

In deinem Kopf kreist vielleicht schon eine vage Fragestellung, die noch nicht genau durchdacht ist.

Vielleicht hast du viele ungeordnete Ideen und Themen, die noch vermischt herumschwirren.

Denke nun darüber nach, welche Themen dich besonders interessieren oder was dir in deinem Umfeld aufgefallen ist. Das kann im Beruf, in der Hochschule oder in der Freizeit sein ...

Vielleicht hast du einen interessanten Bericht gelesen oder eine spannende Sendung im Fernsehen gesehen?

Siehst du offene Forschungslücken?

Führe ein Brainstorming durch. Schreibe auf der nächsten Seite alle Ideen auf.

Denk nicht zu lange darüber nach und schreibe spontan auf, was dir einfällt.

Was interessiert dich besonders?

Studi-Tipp: *Keine Sorge, ob deine Fragestellung für dich vielleicht zu banal klingt. Kein Thema ist zu banal, um es zu erforschen.*

Wichtig ist nur, das Thema korrekt aufzubereiten!

Logs__

Ideen bewerten

Du hast die vorherige Seite mit Ideen gefüllt?

Prima. Das ist doch schon eine gute Basis. Dann wähle doch jetzt in Ruhe, an welchem Thema du vertiefend weiterarbeiten möchtest. Stelle dir selbst Fragen, die dir weiterhelfen können.

Schreib zu deinen Ideen kurze Notizen oder trage die interessanten Themen auf der nächsten Seite neu ein.

- Was möchte ich eigentlich erforschen?
- Zu welchem Themengebiet möchte ich einen Beitrag leisten?
- Wieso ist die Fragestellung relevant?
- Habe ich ähnliche Fragestellungen bereits gelesen?
- Was weiß ich aus der Theorie/aus der Praxis darüber?

Wie lässt sich mein Thema zuordnen?

- *Entwicklungsperspektive:* Du siehst Weiterentwicklungs- oder Verbesserungspotenzial in deinem Umfeld.
- *Erkenntnisperspektive:* Du möchtest eine Situation, ein System oder einen Vorgang besser verstehen und erklären können.

Logs__

Und nochmal...

Studi-Tipp: *Falls du immer noch kein zündendes Thema finden konntest:*

Trödel etwas herum. Denk an etwas anderes, entspann dich und beobachte deine Umgebung, lies etwas oder schaue DVDs.

Vielleicht fällt dir hier etwas auf.

Oder begeistert dich ... ☺

Nimm dir nochmals Zeit für eine etwas tiefergehende Analyse. Sieh dir deine Liste vom Brainstorming noch einmal im Detail an.

- Was ist bei deinen Überlegungen und den dabei erzielten Themen und Fragestellungen offengeblieben?
- Wo gibt es noch offene Baustellen, die du gerne bearbeiten möchtest?
- Sind neue Fragestellungen aus der nochmaligen Durchsicht aufgetaucht?
- Was möchtest du genau mit der Bearbeitung der Ideen erreichen?

Logs___

Fragestellung abklopfen

Du hast jetzt einige Ideen aufgeschrieben.

Notiere nun eine erste Forschungsfrage (eine richtige Frage mit Fragezeichen). Sie muss noch nicht druckreif sein und kann noch weiterentwickelt und eingegrenzt werden.

Meinst du, dass dein Thema für dich durchführbar ist? Hast du die nötige Zeit und Ressourcen?

- ✓ Bekommst du Zugang zu deinem Feld und zu deinen Daten?
- ✓ Musst du eventuell Genehmigungen einholen?
- ✓ Wie viel Zeit planst du für welchen Schritt ein?
- ✓ Wären denn potentielle Interviewpartner zu finden, die gerne mitmachen würden?
- ✓ Fallen Feiertage und andere Verpflichtungen, z.B. Arzttermine, Geburtstage in deine Bearbeitungszeit?
- ✓ Entstehen zusätzliche Kosten?
- ✓ Wie steht es mit deiner Gesundheit?
- ✓ Gibt es eine Bibliothek in deiner Nähe?

Studi-Tipp: *Klopf deine Fragestellung wie bei einem Produkttest auf alle Eventualitäten ab.*

Mache sie größer, mache sie kleiner …

Dreh sie, zieh sie, wende sie und hüpf auf ihr herum. ☺

Logs___

Eisberge in Sicht

Spätestens seit dem Kinofilm *Titanic* weißt du, dass auch „unsinkbare" Schiffe kentern können. Wie bei einem Eisberg ist bei Forschungen auch nicht alles auf dem ersten Blick erkennbar.

Du kannst Daten sammeln, nette Leute interviewen. Das kann Spaß machen.

Doch unter der Wasseroberfläche ragt der Eisberg gewaltig in die Tiefe hinab. Diese unsichtbaren Teile könnten z.B. komplexe Theorien sein, die man mehrmals lesen muss, um sie zu verstehen. Es könnten auch Interviewpartner „abspringen", die erst einem Termin zugestimmt hatten. Oder dein Tablet hat im Moment der Sprachaufnahme einen leeren Akku ....

Studi-Tipp: *Auch Frust und Schreibblockaden können unter der Wasseroberfläche liegen.*

Schreibe die Dinge oder Gedanken auf, die dich blockieren. Oder Personen, die dich bei der Arbeit stören. Oder Lärm, oder so ...

Logs__

Eisberg-Übung

Zeichne deinen eigenen Forschungseisberg.

Überlege, was die sichtbaren und was die unsichtbaren Aspekte deiner Forschung sind. Notiere im oberen Drittel des Eisbergs alles Sichtbare, z.B. deine Forschungsfrage, Bücher, die du schon für deine Studie gelesen hast, deinen Betreuer, ...

Schreibe dann in die unteren zwei Drittel des Eisbergs diejenigen Bereiche, die für dich noch nicht überschaubar sind. Beispielsweise, wie lange du für die Transkription deiner Interviewmitschnitte brauchst oder wie lange es dauert die Literatur zu sichten.

Was könnte noch an Überraschungen kommen?

Notiere auch deine Bedenken über die Bearbeitung.

Schau dir nun deinen Eisberg an.

Was kannst du tun, um die Dinge unter Wasser an die Oberfläche zu holen?

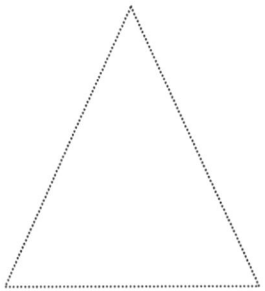

Logs___

Forschungsfragen-Check

Schreibe hier deine Forschungsfrage nun als konkrete Frage auf. Unterziehe sie einem Realitäts-Check.

Ist sie so, wie sie da steht, für dich bearbeitbar?

Es kann sein, dass du noch mehr präzisieren und eingrenzen musst.

Nutze dazu die W-Fragen:

- ✓ Was (sachlich) willst du konkret erforschen?
- ✓ Wie (methodisch) willst du konkret forschen? (das WIE richtet sich immer nach dem WAS)
- ✓ Wen oder welche Gruppe (sozial) willst du erforschen?
- ✓ Warum (Begründung) willst du forschen?
- ✓ Wer (Verwertung) kann mit deiner Forschung etwas anfangen?
- ✓ Wo und in welchem Bereich (räumlich) willst du forschen?
- ✓ Wann und wie lange (zeitlich) willst du forschen?

Studi-Tipp: *Meine entscheidende Frage ist:*

Hast du die nötigen Ressourcen dazu (Zeit, Zugang, Materialien, Interviewpartner und Nerven)?

Logs___

Nächste Schritte

Du hast jetzt schon einiges an Denkarbeit geleistet.

Plane jetzt die nächsten Schritte.

- Was wirst du tun, um dein Thema besser zu verstehen?
- Was wirst du lesen?
- Mit wem wirst du Kontakt aufnehmen?
- ...

Notiere alles, was dir zu deiner weiteren Vorgehensweise einfällt.

Logs__

Frag die Nachbarin

Studi-Tipp: *Und?*

Hat sich deine Fragestellung nach deinem Check noch einmal verändert?

Du bist schon ein gutes Stück weitergekommen. Jetzt lass einmal eine unbeteiligte Person die Frage checken. Frag die Oma oder deine Nachbarin. Wenn sie alles verstehen, dann hast du eine gute Formulierung gefunden. Stell anderen Leuten dein Anliegen am besten kurz und knackig vor.

Nutze den Elevator-Pitch!

Dieser Begriff aus dem Marketing bedeutet so etwas wie „Aufzugspräsentation".

Du hast in einem Aufzug nur einige Sekunden. Vielleicht schaffst du fünf Sätze, bis dein Gegenüber wieder beim nächsten Halt aussteigt.

Wie kannst du in fünf Sätzen dein Thema deiner Nachbarin erklären?

Logs___

Literaturrecherche

Der nächste Schritt ist der Weg in die Bibliothek ...

Studi-Tipp: *Oder für den Anfang zu Google, Wikipedia oder YouTube. Das gibt dir eine erste Übersicht. Das sollte allerdings später in deiner Abschlussarbeit nicht als Quelle aufgeführt werden. Wikipedia sollte deshalb nicht zitiert werden, da die Herkunft der Texte meist unbekannt und somit die Richtigkeit fraglich bleibt.*

Möglichkeiten, Literatur zu finden:

- Onlinebibliothek deiner Hochschule
- Universitäts- und Stadtbibliotheken (teilweise mit Fernleihe)
- Elektronische Literaturdatenbanken (hat deine Hochschule bestimmt auch)
- Datenbanken (Bildungsserver, Daten der amtlichen Statistik)
- Online (Suchmaschinen, wie Google Scholar, gemeinsamer Bibliotheksverbund https://www.gbv.de/)

Studi-Tipp: *Interessiert dich eine Quelle wirklich? Wirst du sie gerne lesen? Gefällt dir der Schreibstil des Autors? Es nützt nichts, wenn du dich mit einem Buch nur herumquälst. Versuche Literatur zu finden, die dich fesselt.*

Logs___

Tipps zur Literatursichtung

Studi-Tipp: *Du musst nicht alles lesen.* ☺

Das stimmt! Am Anfang nicht.

Erst einmal solltest du dir einen Überblick verschaffen.

Dabei helfen folgende Kriterien und ein erster Blick in die Quelle weiter.

- Ist der Autor fachlich anerkannt? Recherchiere über ihn: Sind im Inhaltsverzeichnis relevante Aspekte für deine Arbeit? Wie aktuell ist die Quelle?
- Welche Literatur ist im Literaturverzeichnis der Quelle aufgeführt?
- Was steht in Rezensionen oder in Kommentaren über die Quelle?
- Schau dir das Vorwort, die Einleitung und das Fazit an. Helfen dir die Inhalte weiter?

Studi-Tipp: *Gute Erfahrungen habe ich damit gemacht, von Anfang an ein Programm zur Literaturverwaltung einzurichten. Ich nehme Citavi. Es gibt auch Endnote. Damit kannst du direkt deine Quellen sortieren und Zitate kennzeichnen. Man kann auch direkt ein Literaturverzeichnis ausdrucken.*

Logs___

Eingrenzung der Frage

Nach der Literaturrecherche findet die Eingrenzung deiner Forschungsfrage statt.

Schau bitte noch einmal in deiner Themenfindung nach und konkretisiere die Fragestellung, den Forschungsstand und deine Zielsetzung:

Formuliere deine Fragestellung so präzise wie nur möglich.

Wie schon gesagt: Am besten als „richtige Frage" (mit einem Fragezeichen).

Achte darauf, Fragen zu vermeiden, die „einfach" mit *ja* oder *nein* beantwortet werden können.

Lass dich bei deinen Erläuterungen von folgenden Überlegungen leiten:

Auf welche zentrale Frage soll eine Antwort gefunden oder gegeben werden? Je nach Thema und Umfang des Arbeitsvorhabens kann es weitere untergeordnete Fragen geben. Diese sollten einen klaren Bezug zur zentralen Frage haben.

Stelle deiner Frage Hypothesen zur Seite, um den Weg in die Daten zu finden.

Logs___

Hypothesen

Das hast du dir so gedacht. ☺ Wenn du nicht weißt, wo du hin willst, dann kannst du auch nicht ankommen.

Dann kommt wirklich der *Wald vor lauter Bäumen*.

Es ist allerdings zwischen Hypothesen der **quantitativen** und der **qualitativen** Forschung zu unterscheiden.

Quantitativ werden bestehende Theorien anhand großer Fallzahlen statistisch überprüft. Hypothesen werden falsifiziert oder verifiziert (z.B. „Je mehr, desto ..." um Kausalität und/oder Korrelationen zu überprüfen).

Bei einem *qualitativen* Vorgehen wird Unentdecktes gesucht oder eine explorative Studie gemacht. Hypothesen dienen als Kompass in die Daten, z.B. bei Interviewtranskripten, um bei der Auswertung eine Richtung zu haben, in die du gehen solltest.

Logs___

Zitationsstile

Zitationen zeigen deine Auseinandersetzung mit einer Quelle. Anhand von Zitaten werden eigene und fremde Gedanken erkennbar getrennt. Diese Quellen sind damit für andere auffindbar.

Verwende einen Zitationsstil durchgängig einheitlich. Frage an deiner Hochschule nach, welchen Stil du verwenden solltest.

Ein häufig verwendeter Zitationsstil ist der *APA-Style*. Der Stil der *American Psychological Association (APA)* unterscheidet sich kaum vom *Harvard Style*. Beide Stile werden oft zusammengefasst (*Harvard-APA-Style*). Im Fließtext werden in Klammern der Nachname des Autors, das Jahr und die Seitenzahl aufgeführt. Im Literaturverzeichnis wird dann die komplette Quelle hinterlegt.

Bei der deutschen *DIN ISO 690* wird die Quellenangabe mit Autor, Jahres- und Seitenzahl als Fußnote gesetzt. Auch hier wird die gesamte Quelle nochmals im Literaturverzeichnis aufgeführt.

Studi-Tipp: *Hier gibt es Manuals dazu: https://www.apastyle.org*

Logs__

Direkte und indirekte Zitate

Studi-Tipp: *Weiße Literatur ist veröffentlichte Literatur mit ISBN-Nummer, die zudem katalogisiert ist. Zur sogenannten grauen Literatur hingegen zählen Veröffentlichungen, die nicht auf den offiziellen Buchmarkt gelangen, wie beispielsweise Flyer, Modulbeschreibungen, Seminarunterlagen, unveröffentlichte Bachelor- und Masterarbeiten, maschinenschriftliche Dissertationen, Hausarbeiten, Rezensionen, Broschüren.*

Direktes Zitat: „Weiße Literatur ist veröffentlichte Literatur mit ISBN-Nummer, die zudem katalogisiert ist. Zur sogenannten grauen Literatur hingegen zählen Veröffentlichungen, die nicht auf den offiziellen Buchmarkt gelangen, wie beispielsweise Flyer, Modulbeschreibungen, Seminarunterlagen, unveröffentlichte Bachelor- und Masterarbeiten, maschinenschriftliche Dissertationen, Hausarbeiten, Rezensionen, Broschüren". (Bäcker 2018, S. 50)

Indirektes Zitat: Im Forschungslogbuch wird beschrieben, dass weiße Literatur veröffentlichte Literatur ist. Zur grauen Literatur zählen Veröffentlichungen, die keine ISBN-Nummer besitzen (vgl. Bäcker 2018).

Logs___

Mach mal Pause!

Studi-Tipp: *Du bist ein gutes Stück vorangekommen und hast dir eine Pause verdient.*

Erhole dich ein bisschen von deiner Arbeit und lass sie etwas ruhen. Der Weg ist das Ziel. Und zum Weg gehört auch deine Gesundheit und gute Laune.

Also mach heute etwas Schönes .... ☺

~~Logs~~

Weiter geht's

Machen wir ein Résumé: Was ist schon erledigt?

- ✓ Thema ausgesucht
- ✓ Literatur recherchiert
- ✓ Forschungsfrage entwickelt
- ✓ Hypothesen aufgestellt
- ✓ ...
- ✓ ...

Nun ist es Zeit, den **Werkzeugkoffer** zu packen.

Man kann durchaus den Gebrauch von wissenschaftlichen Methoden, wie statistische Formeln oder Interviewtechniken, mit einem Werkzeugkasten vergleichen.

Der Zweck heiligt die Mittel. Keine Methode ist „falsch", denn es kommt darauf an, was du mit dem Ergebnis bezweckst.

Studi-Tipp: *Stell dir vor, du möchtest ein Poster aufhängen. Das geht mit einem einfachen Klebestift oder einem Klebestreifen. Wenn du ganz sicher gehen möchtest, kannst du auch Hammer und Nagel verwenden, oder sogar die Bohrmaschine und Dübel aus dem Keller holen.*

Das Poster hängt. Die Frage ist nur, wie lange, wie fest, wie sicher, ...?

Mein Methodenkoffer

Deine Forschungsfrage bestimmt die Methode.

Das ist immens wichtig!

Daher wiederholen wir nochmal:

Die Forschungsfrage bestimmt die Methode!
(und nicht das Thema bestimmt die Methode)

Also, welches Werkzeug siehst du passend zu deiner Fragestellung und zu deinen anvisierten Daten?

Grob eingeteilt hast du die Möglichkeit zwischen der

> *qualitativen und der*
> *quantitativen Forschung*
> *oder beidem (Triangulation).*

Welche Richtung kommt deiner Frage am ehesten entgegen?

Warum?

Notiere deine Methoden auf den nächsten Seiten.

(Welche Literatur für den theoretischen Rahmen hast du im Blick?)

Logs___

Quantitativ oder Qualitativ?

Befasse sich zur Auffrischung mit den beiden Forschungsrichtungen. Stelle wesentliche Charakteristika qualitativer und quantitativer Forschung gegenüber.

Studi-Tipp: *Wir haben schon etwas vorausgefüllt.*

Quantitativ	Qualitativ
deduktiv (hypothesentestend)	induktiv/explorativ (hypothesen-generierend)
variablenorientiert	
	offen ('weich')
schließen (nomologisch-statistisch)	
	Einzelfall
repräsentativ	
deskriptiv-quantitativ Wie oft...? Wie viele...? analytisch-quantitativ Wenn..., dann... je mehr..., desto...	

Logs___

Fragearten

Bei der Planung und Durchführung von quantitativen und qualitativen Interviews ist eine besondere Vorbereitung nötig. Hierzu gibt es jede Menge Bücher zur Fragearten (z.B. *„Fragebogen" von Rolf Porst*).

Eine kleine Übersicht möchten wir dir geben:

- ✓ Fragen nach Einstellungen oder Meinungen
- ✓ Fragen nach Überzeugungen
- ✓ Fragen nach dem Verhalten
- ✓ Fragen nach Eigenschaften
- ✓ Filterfragen
- ✓ Folge-Fragen
- ✓ Kontroll-Fragen

Studi-Tipp: *Hier bekommst du brauchbare Software zur Fragbogenerstellung:*
Gesis: *http://www.gesis.org/methodenberatung/zis*
Webropol: *http://www.webropol.com/de/*
Surveymonkey: *http://www.surveymonkey.com/*
GrafStat: *http://www.grafstat.de/*
LimeSurvey: *https://www.limesurvey.org/de/*
http://www.fragebogen-erstellen.com/tag/vorlage/

Logs__

Wie komme ich an die Daten?

Welche Schritte kannst du durchführen, um die Daten zu ermitteln?

1. Datenerhebung (telefonisch, schriftlich, Beobachtung, Analyse von Dokumenten, Filme, Zeitungsausschnitte, ...)
2. Aufbau eines analysefähigen Datensatzes (z.B. Beobachtungsprotokolle, Interviewtranskription, Rohdaten für die statistische Auswertung, ...)
3. Datenanalyse (qualitativ deutend und interpretativ, statistisch analysierend, ...)

Eine statistische Arbeit kann als **Primäranalyse** angelegt sein und bei der die Erhebung und Auswertung von Daten mit einem eigenen Fragebogen durchgeführt wird.

Bei einer **Sekundäranalyse** arbeitest du mit bereits erhobenen Daten zu verschiedenen Fragestellungen, z.B. mit Daten von ZUMA (Zentralarchiv für Umfragen, Methoden und Analysen) oder Statista.

Studi-Tipp: *Die meisten Hochschulen haben eine Lizenz für Statista. Frage bei deinem Betreuer mal nach.*

Logs___

Mein Forschungspool

Für deine Umfrage benötigst du Partner, auch Probanden genannt.

Wer kommt für deine Fragestellung in engere Auswahl?

Wer nicht? Warum?

Notiere alle, die dir einfallen und ordnete diese Personen einzelnen Feldern zu.

Studi-Tipp: *Lege eine Liste von Kontakten aus Adressbüchern, Visitenkarten, Mails, Social Media Plattformen, ... an.*

Was hilft dir bei der Bestandsaufnahme?

In welchen Gruppen „bewegst du dich" (Studium, Familie, Vereine, Organisationen, Sport, Freizeit, etc.)?

Überlege dir Kategorien (z.B. Privat, Facebook, Hobby, ...).

Logs___

Quantitative Auswertung

Hinter den Daten „stehen" immer Menschen.

Verliere trotz aller genauen Berechnungen, die du mit Items und Skalen durchführen kannst, nie den Menschen aus dem Blick!

Deine Interpretationen sollten dem menschlichen Verhalten angepasst werden und plausibel sein.

Eine deskriptive Auswertung der Daten geschieht nicht nur auf der Ebene der einzelnen Fragen (auch Items genannt), sondern auf der Ebene von Skalen in deiner Erhebung. Es reicht nicht, nur Mittelwerte zusammenzuzählen.

Meist bilden mehrere Items eine Skala (z. B. *stimme zu – stimme nicht zu*). Dies erhöht in der Regel die Reliabilität (Zuverlässigkeit) der Erfassung der Meinungen und Einstellungen deiner Interviewpartner, die eine wichtige Voraussetzung für eine hohe Validität (mehr auf Seite 66) ist.

Eine Skala und damit alle dazugehörigen Items sollten immer nur ein Merkmal (z. B. Kaufverhalten) erfassen.

Merkmalsausprägungen

Man kann **folgende Typen** von Merkmalsausprägungen unterscheiden:

- Variablen mit nominalem Messniveau
- Variablen mit ordinalem Messniveau
- Variablen mit metrischem Messniveau

Fülle zur Wiederauffrischung deiner Statistikkenntnisse die Tabelle aus.

Studi-Tipp: *Wir haben wieder etwas vorgefüllt.*

Ausprägungen	Beispiele	Kennzeichen
Nominal	Geschlecht	gleich/ungleich
Ordinal	Noten	Rang
Metrisch	Preise, Flächen	kleiner/größer

Ein Wort zu Gütekriterien

Objektivität ist das Maß, in dem ein Untersuchungsergebnis in Durchführung, Auswertung und Interpretation von dir nicht beeinflusst werden soll. Das gilt auch, wenn viele Forscher an einem Thema forschen. Auf den Punkt gebracht bedeutet das:

Weder bei der Durchführung noch bei der Auswertung und Interpretation dürfen verschiedene Forscher verschiedene Ergebnisse erzielen.

Die wichtigsten Gütekriterien der Objektivität sind die **Reliabilität** und die **Validität**.

Rufe dir noch einmal ins Gedächtnis, was die beiden Kriterien für deine Untersuchung bedeuten und schreibe die Merkmale auf. Suche am besten konkrete Beispiele. Könnte jemand anderes deine Forschung durchführen?

Eine Frage dahinter: Führt die gleiche Messung immer zu den *gleichen* Ergebnissen?

Eine andere Frage hierbei: Wird tatsächlich gemessen, was gemessen werden soll?

Studi-Tipp: *Ein Maßband misst zuverlässig immer wieder präzise deinen Kopfumfang. Es ist dafür ein reliables Instrument. Es misst aber nicht deinen IQ. Dafür ist es nicht valide. Für den IQ brauchst du ein anderes Instrument (z.B. Intelligenztest zum Ausfüllen).*

Reliabilität in meiner Forschung bedeutet:

Validität in meiner Forschung bedeutet:

Übung macht den Meister

Studi-Tipp: *Wenn du Interviews durchführen möchtest, solltest du vorher den Ernstfall üben. Wenn das sogenannte On Air an deinem Smartphone angeht, kann es einen Blackout bei dir oder der Interviewperson geben.*

Während des Interviews hast du alle Hände voll zu tun: die Tonaufnahme starten, die Fragen stellen, auf die Antworten eingehen, nachdenken, Notizen machen, deinen Interviewpartner zum Sprechen animieren, den roten Faden im Blick behalten, ...

Beim nächsten Interview lasse ich das Gerät von Anfang an laufen, damit keine Aufregung entsteht.

Wie immer gilt: Üben, üben, üben, um dich an diese Situation zu gewöhnen. Trage auf der nächsten Seite deine Erfahrungen ein.

Bereite dein Interview mental vor und wandere vom IST zum SOLL:

- Wie könnte es ablaufen?
- Welche Störungen könnten sich ergeben?
- Wie kannst du deinen Partnern den Einstieg erleichtern?
- ...

Stell dir deine ideale Situation vor.

Wie sollte sie für dich in idealer Form sein?

Logs___

Nach dem Interview ist vor...

Führe am besten einen Pretest durch. Reflektiere nach der Interviewübung:

- ✓ Gab es eine Störung? Wenn ja, welche Stelle war das? Was genau ist da passiert? Was ist in dir in dem Moment durch den Kopf gegangen?
- ✓ Was ist gut gelungen?
- ✓ Was hättest du anders machen können? Wenn ja, was, wie?
- ✓ Auf was möchtest du beim nächsten Mal noch mehr achten?

Du kannst noch mehr aus dem Interview herausholen, wenn du dich noch mehr auf die Situation einstellst. Du hast reflektiert, was du in einem Interview besser nicht tun und besser tun solltest, damit dein nächstes Interview noch besser verläuft.

Studi-Tipp: *Mir hat am Anfang ein Small Talk geholfen. Überlege, was Türöffner in der Interviewsituation sein könnten, wie z.B. über das Wetter reden. Gibt es auch Killerphrasen, die zum Abbruch des Interviews führen? ...*

Logs___

Datenschutz und Forschungsethik

Die Rechte Dritter und die vertrauliche Behandlung der Daten sollten für dich als Forscherin oder Forscher selbstverständlich sein. Du bist bei allen Schritten, die deine Forschung betreffen, verantwortlich für den Schutz dieser Rechte.

Schütze bitte die Anonymität deiner Interviewpersonen: Entfremde aus Datenschutzgründen Namen und Orte. Ersetze reale Namen durch Abkürzungen oder allgemeine Begriffe.

Bitte deine potenziellen Interviewpartner vor deinem Interview um ihre Einwilligung. Erkläre dein Vorhaben transparent und sichere Anonymität und Datenschutz zu.

Am besten lässt du dir eine Einwilligung unterschreiben. Denke auch daran, dass eine Teilnahme freiwillig ist und die Einwilligung nur gültig ist, wenn sie freiwillig getroffen wurde.

Berücksichtige bitte auch, dass bei Kindern und Jugendlichen eine erziehungsberechtigte Person die Einwilligung zur Teilnahme an einem Forschungsprojekt unterschreiben muss.

Beachte die Datenschutzverordnung von Mai 2018!

Transkription

Deine Interviews sollten als Datengrundlage zur späteren Auswertung transkribiert, d.h. verschriftlicht werden. Zulässig sind Transkriptionsprogramme, wie z.b. das Programm F4, die dir die Abtipperei erleichtern. Eine "Transkription mittlerer Genauigkeit" reicht meistens aus (Uwe Flick).

Studi-Tipp: *Tippe trotzdem deine Interviews selbst Wort für Wort ab. Mir ist einmal vorgekommen, wichtige Schlüsselsätze während des Interviews überhört zu haben. So entgeht dir keine Information. Beim Abtippen erkennst du Zusammenhänge in einem neuen Licht. Überlege, ob Slang und „ahs" und „mhs" wichtig für deine Analyse sind. Sonst lass sie weg.*

Transkriptionskürzel	Bedeutung
..	- kurze Pause
...	- längere Pause
(...)	- Auslassung
(Ereignis)	- nichtsprachliche Handlung z. B. „setzt sich hin"
(lachend)	- Begleiterscheinung (vor der Textstelle)
()	- unverständlich
(Aussage?)	- nicht genau verständlich, vermutete Aussage

Bist du bereit?

Wie fühlst du dich? Bist du bereit?

Bereit zum Schreiben?

Notiere deine aktuelle Verfassung.

Wo siehst du noch Stolpersteine?

Was fehlt dir noch?

In welchen Punkten bist du sicher?

Ich fühle mich heute...

Der Schreibprozess

Du kannst mit dem Verfassen des Exposés loslegen. Du kennst dein Thema, deine Literatur, deine Daten....

Denke an deine Zielgruppe. Ein Unbeteiligter sollte deine Argumentation nachvollziehen können.

Es gibt nicht DIE eine Methode, die den Schlüssel zu einem gelungenen Text darstellt. Daher mache dich mit Texten vertraut und lies so viele wissenschaftliche Artikel wie möglich, um ein Gefühl für die wissenschaftliche Sprache zu bekommen.

Wissenschaft ist auf der Suche nach der Wahrheit und sollte so objektiv wie möglich sein.

Ist dein Text fertig, plane ausreichend Zeit für die Überarbeitung ein. Tippfehler, Doppelungen, unklare Argumentation sollten heraus gestrichen werden.

Zur Textüberarbeitung gehören sowohl die Überprüfung der Stringenz des Textes als auch die Überarbeitung von Wortwahl und Satzstruktur. Überarbeite am besten immer am Papierausdruck, denn da fallen dir Ungereimtheiten schneller auf.

Studi-Tipp: *Schreibe am besten in der unpersönlichen „Dritten-Form". Damit bist du auf der sicheren Seite. In der Ich-Form lässt man zu schnell eigene Bewertungen einfließen.*

So ein Drama...

Jeder Text hat eine Struktur. Und jeder gute Text hat die 3-Akt-Struktur (natürlich kann es hier noch weitere Untergliederungen geben):

Einleitung — Hauptteil — Schluss

Studi-Tipp: *Ich bin ein DVD-Fan und mache mir die erfolgreichen Elemente von Hollywood zu Nutze. Getreu dem Motto „Von den Besten lernen", habe ich mir den amerikanischen Drehbuchschreiber Syd Field als Vorbild genommen. Er ist für Drehbuchschreiber aus aller Welt die Instanz schlechthin. Field hat die erfolgreichsten Hollywoodfilme analysiert und festgestellt, dass diese der 3-Akt-Struktur folgen. Daraus entwickelte er sein berühmtes Syd-Field-Paradigma, das eine klare Erzählstruktur bei Filmen vorgibt.*

Logs__

Die Dramaturgie deiner Arbeit

Auch du kannst die 3-Akt-Struktur für deine Arbeit nutzen. Schreib auf die andere Seite deine Gliederung (so in etwa wie wir das gemacht haben).

Inhaltsverzeichnis
I.   Einleitung(Erster Akt, Exposition)
II.   Hauptteil (Zweiter Akt, evtl. mit Konfrontation)
   1) Hauptpunkt
     a. Unterpunkt
     b. unterstützendes Material
   2) Hauptpunkt
     a. Unterpunkt
     b. unterstützendes Material
   3) Hauptpunkt
     a. Unterpunkt
     b. unterstützendes Material
III. Schluss, (Dritter Akt, Conclusio, mit Handlungsaufforderung)
IV. Literaturverzeichnis, Abbildungsnachweis
V.   Anhang / Ehrenwörtliche Erklärung

Logs__

Check deinen Titel

- ✓ Ist dein Titel für das fremde Auge verständlich?
- ✓ Ist dein Titel angemessen in der Länge? Nimm den Richtwert von zwölf Wörtern.
- ✓ Hast du die relevanten Begriffe im Titel?
- ✓ Wäre er so in Literaturdatenbanken auffindbar?
- ✓ Hast du hier die Abkürzungen ausformuliert?
- ✓ ...

Studi-Tipp: *Ist dein Titel relevant oder verwendest du leere Worte? Mal ganz provokant gefragt: „Laberst du rum?"*

Check deinen Titel auf http://www.blablameter.de/

Logs___

Check deinen Text

- ✓ Sind alle wörtlichen Zitate in Anführungszeichen?
- ✓ Stimmen die Quellen im Fließtext mit den Quellen im Literaturverzeichnis überein?
- ✓ Ist eine Tabelle oder Abbildung wirklich notwendig, oder kannst du die Inhalte auch in wenigen Sätzen erläutern?
- ✓ Wird auf jede Abbildung im Text kurz Bezug genommen? Sind die Abbildungen korrekt nummeriert?
- ✓ Du hast nur begrenzten Platz in deiner Arbeit. In einer Hausarbeit 10 oder 20 Seiten, in der Bachelorarbeit vielleicht 40 Seiten und in der Masterthesis 80. Sollen deine Abbildungen wirklich in den Fließtext oder besser in den Anhang?
- ✓ Ist eine Abbildung für sich alleine verständlich?
- ✓ Stimmen die Seitenzahlen mit dem Inhaltsverzeichnis überein?
- ✓ ...

Studi-Tipp: *Frag die Familie. Frag deine Freunde.*

Lass deinen Text von jemandem aus dem Bekanntenkreis lesen und lass dir von ihm den Inhalt erklären.

Logs___

Check deine Zeit

Wenn der Zeitdieb lauert ...

- ✓ Reflektiere genau, wann (und wozu) du wichtige Aufgaben verschiebst.
- ✓ Mache dir Listen mit Prioritäten und halte sie ein.
- ✓ Schreibe deine erledigten Tätigkeiten auf und vergleiche sie mit deiner To Do-Liste.
- ✓ Nimm dir genügend Pausen, die du bewusst genießt.
- ✓ ...

Studi-Tipp: *Vorsicht Zeitdiebe! Es ist noch eine Woche Zeit zur Abgabe meiner Arbeit. Und was mache ich?*

Telefonieren mit Freunden, Fotos sortieren, den Schreibtisch aufräumen, Playlists aufnehmen, ...

Das sind sogenannte Alibitäten. Meine Mutter nennt es Aufschieberitis. Das vertuscht, dass ich mich vor wichtigen Dingen herumdrücke.

Ich bin schließlich den ganzen Tag „fleißig" und demonstriere Einsatz vor anderen. ☺☺☺

Logs___

Mach es rund

Beginne jetzt damit, dein Exposé anzufertigen.

Studi-Tipp: *Oh nee. Ein Exposé ist langweilig. (Ok, ich gebe es zu, es ist kein Tipp)*

Das Exposé unterstützt dich bei der Dokumentation deines Forschungsvorhabens.

Mit dem Exposé kannst du dein Thema deinem Betreuer vorstellen. Du kannst wie in einem Bauplan Stück für Stück deine Schritte eintragen (oder zeichnen).

So hast du immer deinen roten Faden vor Augen und vergisst nichts.

Ein Exposé ist *dynamisch*. Es kann und darf sich während deiner Forschungsplanung verändern.

Das Exposé

Füge nun die Einzelteile zu einem Exposé zusammen, das du dann später in eine Datei überträgst.

Beschreibe:

WAS ist konkret dein Forschungsphänomen?

Berücksichtige den Begründungs- und Verwertungszusammenhang.

WARUM und für WEN willst du ausgerechnet dieses Thema erforschen?

Erkläre, wie du zu dem Thema gekommen bist.

Welches Problem war der Ausgangspunkt für die Arbeit? Was war dir aufgefallen?

Dein Exposé sollte aus folgenden Elementen bestehen und in ganzen Sätzen ausformuliert werden:

I. Einleitung und Hintergrund

II. Zielsetzung, Fragestellung und Hypothesen

III. Theorien und Literatur zum Thema

IV. Forschungsmethode(n)

V. Vorläufige Gliederung oder Aufbau der Arbeit

VI. Vorläufiges Literaturverzeichnis

VII. Zeitplan (wann machst du was?)

Viel Erfolg! ☺

I. Einleitung & Hintergrund

Logs__

II. Fragestellung

Logs__

III. Theorien und Literatur

Logs___

IV. Forschungsmethode(n)

Logs__

V. Gliederung der Arbeit

Logs___

VI. Literaturverzeichnis

Logs__

VII. Zeitplan

Logs___

Logs___

Die Autorinnen

Dr. rer. soc. Eva Maria Bäcker hat Soziologie, Organisationspsychologie und Ethnologie an der Ludwig-Maximilians-Universität in München studiert. Die Schwerpunkte ihrer Lehrtätigkeit sind wissenschaftliches Arbeiten sowie Bildungs- und Wissenschaftsmanagement. Ihre Forschungsschwerpunkte sind interkulturelle Kompetenz und Internationalisierung von Bildungsprozessen.

Ihr Ziel: Studierende von der Wissenschaft zu begeistern.

Email: baecker@lebenswelt-marketing.de

Dinah Maria Bäcker studiert nachhaltiges Design und Modedesign in Köln. Ihre Erfahrungen aus dem Studium zum wissenschaftlichen Arbeitn möchte sie an andere Studierende weitergeben.

Ihr Ziel ist das Mini-Max-Prinzip: Wissenschaftliches Arbeiten mit so wenig Aufwand wie möglich, sich so angenehm wie möglich zu gestalten — und so viel we möglich erreichen. ☺

.

Zeitfracht Medien GmbH
Ferdinand-Jühlke-Straße 7
99095 Erfurt, Deutschland
produktsicherheit@kolibri360.de